Tucholsky Wagner Zola Scott Sydow Freud Schlegel
Turgenev Fonatne Wallace Twain Walther von der Vogelweide Fouqué Friedrich II. von Preußen
Weber Freiligrath Frey
Fechner Fichte Weiße Rose von Fallersleben Kant Ernst Richthofen Frommel
Hölderlin
Fehrs Engels Fielding Eichendorff Tacitus Dumas
Faber Flaubert Eliasberg Ebner Eschenbach
Feuerbach Maximilian I. von Habsburg Fock Eliot Zweig Vergil
Ewald Elisabeth von Österreich
Goethe Ganghofer
Mendelssohn Balzac Shakespeare Dostojewski
Trackl Lichtenberg Rathenau Doyle Gjellerup
Mommsen Stevenson Hambruch
Thoma Tolstoi Lenz Hanrieder Droste-Hülshoff
Dach Verne von Arnim Hägele Hauff Humboldt
Karrillon Reuter Rousseau Hagen Hauptmann Gautier
Garschin
Damaschke Defoe Hebbel Baudelaire
Descartes
Wolfram von Eschenbach Hegel Kussmaul Herder
Bronner Darwin Dickens Schopenhauer Rilke George
Melville Grimm Jerome
Campe Horváth Aristoteles Bebel Proust
Bismarck Vigny Barlach Voltaire Federer Herodot
Gengenbach Heine
Storm Casanova Tersteegen Gilm Grillparzer Georgy
Chamberlain Lessing Langbein Gryphius
Brentano Lafontaine
Strachwitz Claudius Schiller Kralik Iffland Sokrates
Katharina II. von Rußland Bellamy Schilling
Gerstäcker Raabe Gibbon Tschechow
Löns Hesse Hoffmann Gogol Wilde Gleim Vulpius
Luther Heym Hofmannsthal Klee Hölty Morgenstern
Roth Heyse Klopstock Kleist Goedicke
Luxemburg Puschkin Homer
La Roche Horaz Mörike Musil
Machiavelli Kierkegaard Kraft Kraus
Navarra Aurel Musset
Nestroy Marie de France Lamprecht Kind Kirchhoff Hugo Moltke
Laotse Ipsen Liebknecht
Nietzsche Nansen Ringelnatz
von Ossietzky Marx Lassalle Gorki Klett Leibniz
May vom Stein Lawrence Irving
Petalozzi Platon Knigge
Sachs Poe Pückler Michelangelo Kock Kafka
Liebermann Korolenko
de Sade Praetorius Mistral Zetkin

Waldeinsamkeit

Victor von Scheffel

Impressum

Autor: Victor von Scheffel
Umschlagkonzept: toepferschumann, Berlin

Verlag: tradition GmbH, Hamburg
ISBN: 978-3-8424-9308-7
Printed in Germany

Text der Originalausgabe

Waldeinsamkeit.

Dichtung

von

Joseph Viktor von Scheffel

zu

Zwölf landschaftlichen Stimmungsbildern

von

Julius Mařak.

Vierte Auflage.

Stuttgart.
Verlag von Adolf Bonz & Comp.
1884.

Vorwort.

Seltsamer Genius unsres Jahrhunderts:
Der eine verwünscht es, der andre bewunderts.
Im Lenz geht der Flurgang, um Ernte zu beten,
Im Sommer der Spurgang der Stahlrohrlaffeten;
Die Starken, Gesunden hauen sich Wunden,
Die Schwächeren eilen, sie pflegend zu heilen,
Und jeder plagt sich, zerwetzt und zersetzt
Im Daseinskampf, wie von Wölfen gehetzt,
Kaum eingedenk, daß der Weltengeist
Dem Denken auch sanftere Bahnen weist
Und daß, trotz Mammon, Kriegsehrgeiz und Spott,
Das Beste bleibt: Friede in sich und in Gott!

Vergönnt, daß ich heute von *Waldfreund* erzähle,
Dem Mann mit der kindlich bescheidenen Seele,
Deß ersten Strichen und Zwickbuchgedanken
Die Einsamkeitblätter ihr Dasein danken.
Er war eine ehrliche, biedere Haut,
Erfahren im Zeichnen, den Musen vertraut,
Von findigem Sinn, ein Charakter wie Gold
Und der grünen Farbe vor allem hold,
In des Staatsdienst hierarchisch gestufter Schar
Verzeichnet als Forstamts-Actuar.
Im Vorland der Alpen lag sein Bezirk,
Sein Amtssitz idyllisch gelehnt ans Gebirg;
Gern weilte mit ihm, des Haushalts pflegend,
Sein Mütterlein in der einsamen Gegend.
Das Volk sprach, es hause im Berg drin ein Zwerg
Und hieß drum sein Forsthaus »Schratimberg«.

Dort lebte er eifrig dem Forstmannberuf,
Der täglich neue Freuden ihm schuf,
Und war sich eigentlich selber nicht klar,
Daß er ein Künstler im Lodenrock war,
Der, wie Adalbert Stifter, den Stift in der Hand,
Den feinsten Wildhonig im Heimatwald fand.
Denn allzeit, wohin ihn ein Dienstgang verschlug,

Im Büchsenranzen und Rücksack trug
Bei Pulver und Blei er auf Schritt und Tritt
In Leinwand gebunden ein Skizzenbuch mit.
Und wo ein landschaftlich schönes Motiv
Den Trieb der Nachbildung wach in ihm rief,
Da wards, wie er sprach, »der Natur abgespickt
Und abgerissen und abgezwickt«.
Gewissenhaft trug er's dem Skizzenbuch ein
Und nannte dieses sein Zwickbüchlein.
In Winterzeit, im traulichen Heim,
Ersann er zum Bild den erläuternden Reim.

Als nun dem Guten die Stunde genaht,
Die jeglichem schlägt auf dem Lebenspfad,
Wo Minnewirrwarr und träumend Verlangen
Spannkräftig das sehnende Herz umfangen,
Als die Linden blühten mit duftigstem Ruch,
Kam zur Sommerfrische ein Hauptstadtbesuch;
Es nahm in der gastlichen Mühle Quartier
Beim Birkengeheg in Waldfreunds Revier
Ein Rector, weit als Gelehrter bekannt,
Mit Tochter, Wilhelmina genannt.
Die war ganz ein ächtes Hauptstadtkind,
Ein Wildfang, pikant, sehr weltlich gesinnt,
Schier ein wenig frivol – sprach gebildet, sprach fein,
Auch manchmal kräftig ins Blaue hinein.
Aber wenn grazios ihre Scherze sie machte,
So recht von Herzensgrunds Tiefe auflachte
Und den blonden Schwall des Gelocks rückstrich,
Dacht mancher herzklopfend an »Du« und an »Ich«.

Als der Forstwart zum stadtfeinen Fräulein sich fand,
Leis unbewußt Neigung zu Neigung entstand,
Die äußerte sich, ein magnetischer Fluch,
Anziehend, abstoßend im Widerspruch.
Zwar wollten sie täglich nicht viel sich entbehren,
Doch viel an sich meistern, belehren, bekehren;
Und als der Urlaub zur Endung kam,
Ihr Geplauder kritische Wendung nahm.

Sie schwärmte in enthusiastischem Dunst
Für südlichen Himmel, italische Kunst;
Vielleicht daß als fernes Motiv dabei leise
Den Gedanken obschwebte die Hochzeitreise.
Er sprach: »Was scheeren mich Pinien und Palmen?
Im Latschengestrüpp, im Wildheu der Almen,
Ueberall, allüberall ists künstlerisch schön,
Man muß nur richtig zu schauen verstehn!
Ja man könnt im Revier hier, würd's einer bezahlen,
Ein ganz Belvedere zusammen malen.«
»In der Kunst gibts eben«, warf spöttisch sie hin,
»Einen niederen und einen höheren Sinn.–«
Item, ein Wörtlein das andere gab,
Man reiste nicht ohne Verstimmung ab
Und ahnte selbzweit noch nicht, daß ein Zwist
Sich entfaltender Neigung Anzeichen oft ist.
Als jedes zu Hause, kam jedem die Reue;
Sie schmollte, und Waldfreund brummte, der treue:
»Statt Rache zu nehmen mit strafendem Eisen
Will ich mein Wort durch die That ihr beweisen,
Ich zeichne ein Album, Granatelement!
Vom Schratbergrevier, daß sie reuig erkennt,
Daß Unsereinen man nicht braucht zu zobeln,
Noch ihm einen niederen Sinn abzuhobeln!«
Gesagt und gethan! Stets ist es zu loben,
Verstimmung der Liebe in Kunst zu vertoben.
Ein strammer Reviergang gab ihm den Plan
Zum ganzen zwölfblättrigen Album an,
Denn ihr Antlitz, rothweiß wie Pfirsichblüte,
Konnt' er doch nicht vergessen in Groll wie in Güte.
»Ich will«, schrieb er damals, »zusammen mich raffen
Und eine Reihe von Waldscenen schaffen,
Bald freundlich, bald ernst, wie empfänglich Gemüth
Sie erfaßt, wenn poetische Stimmung ihm blüht,
Wenn der Wanderer frühestens auf sich macht
Und im Wald verbringt einen Tag, eine Nacht.
Vorüber am baum- und staffagelosen Moor
Gehts im Frühlicht frisch zum Waldeingang empor.

Am sickernden Wasser ein Vögleinpaar singt,
Wenn durch tiefstes Dickicht der Sonnenstrahl dringt.
Heiß naht der Mittag; in schwüler Ruh
Deckt welkes Laub ein alt Jagdschloß zu,
Dann Gewittertoben, deß schwerer Gang
Im Windbruch sich zeigt den Tannberg entlang;
Felsöde Unwirthlichkeit, rauh und wild,
Mildert wildblühenden Rosenstrauchs Bild;
Vor der Sonne Untergang wüthet ein Brand . . .
Ihre letzten Strahlen vergolden das Land,
Und das Reh zieht zur Ruhe . . . zum Abendsterne
Tönt klagender Unkenruf in der Ferne,
Und des Holzhauers Axt stört die Mitternacht,
Die dem Wanderer Nachtruhe im Moos hat gebracht.
Nun weckt die Sonne am zweiten Tag
Bei der Waldmühle höheren Herzensschlag,
Und getröstet kehrt, hoffend auf Minne und Glück,
Zu Schratimbergs traulichem Heim er zurück.

Nach Lieblichem Rauhes, Bewegung nach Ruh,
Der Tagzeit entsprechend Lichtwirkung dazu,
Sei jegliches Bild mit begleitendem Wort
Als ein Ton in der Gegensätze Accord
Zum Ganzen gereiht! . .«

                    So war es geplant,
So kündets im Zwickbuch ein Durcheinand
Von Skizzen, Entwürfen und Strichen in Stift,
Notizen, Gedanken und Verseschrift . . .
Hier Studien von Bäumen, Waldinn'rem und Rohr –
Dort bricht wie ein Springquell die Dichtung hervor
Dem Gegenstand gleich, bald phantastisch in Form,
Bald lyrisch und weich, den Klingreim als Norm.

In dieser Art Schaffens ein Zauber ruht,
Weil die friedliche Streitfrage auf sich thut:
»Sind die Bilder der Dichtung Illustration?
Gab der Maler dem Dichter die Inspiration? . .«
Vielleicht daß ein Späterer, melodisch beschwingt
Die Waldfreundstimmung in Noten noch bringt.

Doch entscheidet nun selber, die Blätter zur Hand,
Und vernehmt, was geschrieben im Zwickbuche stand.

Erstes Blatt.

Ueber Haide und Moor.

Im Zwielicht des Morgens entschreit ich dem Haus
Und rück' halbverschlafen als Freibeuter aus,
In hohen Gedanken und Stiefeln.
Wohl trag ich die Büchse, doch jag ich kein Wild,
Nur hier und dort eine Stimmung, ein Bild,
Wie Zufall der Wandrung es bietet.
   Auf denn und vor!
   Durch Schilf und durch Rohr
   Zum Hochwald empor
   Ueber Haide und Moor!
Breit dehnt sich die Fläche in dämmerndem Schein,
Und Nebel der Frühe spielen herein
Aus dem Erlengebüsch, das die Niederung säumt,
Wie Träume, die einer vor Hahnenschrei träumt.
Der Boden schwankt hohl unter tretendem Fuß,
Schuhwerk will mit Wasser sich füllen,
Denn hohl ist alles, vertorft und verfilzt,
Und sumpfig vermoost, daß kein Baum mehr gedeiht,
Als melancholisch die Föhre des Moors,
Die mit schwankendem Stamm und zerzaustem Geäst
Windschief aufsteigt aus dem Röhricht.
Da, dort erblinkt mit trägstehender Flut,
Von des Enzian Wurzel goldbraun gefärbt,
Buschfichtenumsäumt ein Getümpel,
Von seidenschwarz glänzendem Rohrkäfervolk
Und Fröschen besucht
Und in Wirrniß bedeckt
Von der schwimmenden Wassernuß schwärzlicher
Frucht.

Wohin bist du verdunstet, vorzeitliche See,
Die hier einst gewogt, und ihr, Riesengethier,
Das hier sich geäst am Ufermorast?
Noch gibt uns Kunde tief unten im Tuff

Das Schaufelgeweih, das der Riesenhirsch einst
Und der Elch abwarf,
Und des Urstiers mächtiges Stirnhorn.
Der See ward zu Schlamm und der Schlamm ward zu
Torf,
Und der Torf überdeckte das Pfahlbaudorf
Und das Riesengethier und den Jäger mit ihm,
Der von ungefügem Bogen dereinst
Die Feuersteinpfeile entsandte.
Auch der Biber fehlt, der biedre Kumpan,
Der Holzarchitekt mit dem nagenden Zahn,
Ohne Nachwuchs verschwand das Eisen des Walds,
Die Eiche, verschwanden die Buchen mit ihr
Und alles hochstammige Laubholz.
Nun wuchert das Schilfrohr, nun filzt sich das Moos
Und die rasenbildende Binse;
Cypergräser mit flockigem Halm
Und Namen – wer hat die Botanik noch los? –
Sphagnum und Hypnum und Carex auch
Seh ich verkörpert hier wuchern.
Als Abart ferner Vergangenheit,
Da ihr Geschlecht noch ein großes war
Und hohes Geschlecht,
Steht nieder geformt, verkümmert und bleich,
Dem Sumpfe zunächst, mit Binsen gemischt,
Ein Rundkreis von Schachtelhalmen.
Die trugen dereinst in baumhoher Kraft
Den schlanken, kolbengezierten Schaft
Und spiegelten, Farren und Palmen gesellt,
Die erhabenen Häupter im Frühlicht der Welt
In des Urmeers seichten Lagunen . .
Jetzt scheuert labspendend die Wirthin damit
Das Zinn am Deckel der Krüglein . . .

. . Genug der Gedanken! Ein schallender Ruf
Und ein Flügelrauschen verkündet von fern
Der Wildenten Strich ob den Wässern.
Keilförmig gespitzt, einer Heerordnung gleich,
Den Führer voran, bewegt sich ihr Zug,

Vorsichtig die Lüfte durchspähend.
Nur zu, nur zu! fallet lustig ins Moor!
's ist Schonzeit im Mai, es geschieht euch kein Leid.
Im Winter, wenn alles weiß liegt verschneit,
Sitz ich drüben hinter dem Entenschirm,
Ein Schneemann selber, ein Hemd ob dem Rock,
Die Flinte unblank und sorglich verhüllt,
Und rede mit euch dann ein Wörtlein!

Schon stürzen sie ab und pfludern einher,
Pünktlich wie die Uhr
Ein Viertelstündlein der Sonne voraus.
Kühl weht die Frühluft, sie kündet ihr Nahn
Mit leisen Schauern der Ehrfurcht an.
O du goldener Glutstreif im Osten dort,
Du Weltlicht, das in dem Thautropfen strahlt
Wie im Menschengemüth,
Sei gegrüßt und führe mich glücklich!

Zweites Blatt.

Waldeingang.

Glück auf, mein Marsch hat den Hochwald erreicht,
O Lust, ihn zu beschreiten,
Sein Ruch und Duft erfüllt die Brust,
Hochathmend will sie sich weiten! . .
Das kleine Gestrüpp, das kriechende Zeug
Verbleib in der Niedrung und thu, was es kann!
Starkstämmig ragt er, sturmtrotzend und kühn,
Und nicht ohne Ehrfurcht betrete ich ihn
Gleich dem, der einer Versammlung sich naht
Der besten Männer des Landes.

Noch dämmert die Frühe, noch scheiden sich nicht
Im Sonnglanz die Massen mit Schatten und Licht.
Ein mächtig Eichenpaar hütet den Eingang.
Der Tiras bellt laut und springt wedelnd empor
Weil flüchtigen Hupfs das Eichhorn vom Gras
Aufklettert zum höchsten der Wipfel.
Betretener Pfad führt voran. Es senkt
Mit bemoostem Gestein eine Halde sich;
Das Bächlein sickert mit frohem Gemurr
Durch das rothe Gefels
Und trägt zu Thale des Himmels Thau
Und die quirlenden Quellen des Mooses.

Lang wurzle und knospe und grüne noch fort,
Hochwölbig Portal des laubgrünenden Doms,
Eichenpaar, fürstliche Hochwaldzier!
Wie reckst du stattlich zum Himmel den Stamm
Stolz aufrecht und frank,
Wie entsendest du kräftig zur Seite den Ast
Hartwinkligen Schwungs, nicht sänftlich gewölbt,
In wagrechter Linie und steilab;
Wie zweigt sich knorrig das Durcheinand'
Zur hochwipflig schließenden Krone!
Sind wir auch nicht mehr Waldmenschen von einst,

Die eurer Eicheln Nahrung gelabt
Mit den grunzenden Herden gemeinsam:
Noch entzückt uns alle die Schönheit des Blatts,
Sein gekerbter Rand, sein Gebuschtsein zum Strauß;
Noch schmückt dem Krieger zum Sturmlauf der Schlacht
Das Eichreis den Helm,
Und ein Eichlaubkranz ehret den Sieger.
Denn den Göttern war und den Manen geweiht
Die Eiche, der Deutschen urheiliger Baum,
An ihren Stamm hieng als Weihgeschenk
Des Besiegten Schild der Freisaß des Walds,
Und wenn ihm selber der Schwerttod genaht,
Hieng des Ahnherrn Schlachtschild der Enkel dazu
Als Denkmal im Hain ohne Inschrift.
Wenn mächtiger Sturm dann sein Brausen erhub,
Da klirrten im Wetter die Schilde zusamm',
Und zum Kind sprach die Mutter: »Nun sprengen einher
Die von Heervater Wodans altheiligem Heer!« –
Hier möcht ich dereinst am geweihten Ort,
Der so fromm mich stimmt, wie ein Münster von Stein,
Nach des Lebens Genuß und des Lebens Verdruß
Im Eichenschatten ausruhn mein Gebein,
Von geliebter Hand einen Kranz ob dem Grab,
Und hoch im Geäst
Von der Wipfel Flüstern noch leise genannt: »*Waldfreund!*«
. .

Drittes Blatt.

Morgengesang.

Waldeinsamkeit, Waldeinsamkeit!
Hier winkt ein Plätzchen, dir geweiht.
Verschwunden die Fernsicht auf Thäler und Au,
Verschwunden des Himmels reinstrahlendes Blau,
Nur lichtgrün verschwiegene Wildniß allum
Und der Hainbuchen Scharen verträumt und stumm.
Man meint zu vernehmen im lauschenden Geist,
Wie schwellend ihr Saft durch die Stammfasern kreist.
Wie ein Regenbogen mit Goldflimmerschein
Fällt ein Sonnenstrahl schräg in das Dickicht herein
Eine Sandsteinplatte wölbt sich als Steg,
Ein Quell rinnt träufelnd darüber hinweg,
Gebüsch, dürre Aeste und Ranken von Dorn
Sperren wildwuchernd die Pfade nach vorn.

Das Einz'ge, was Laute des Lebens anschlägt,
Ist ein Buchfinkenpärlein, das munter sich regt;
Das eine sitzt auf dem schwanken Gesträuch
Und wiegt sich und schaukelt sich keck auf dem Zweig,
Das andere freut sich des Sonnstrahls im Laub
Und der Irisfarben im Wasserstaub,
Schwingt im schimmernden Flimmer auf sich und nieder,
Badet im Sprühregenduft das Gefieder
Und trocknet sich wieder;
Und sie wetzen die Schnäbel zum Morgengesang.
Dreisilbig im Wort, ein kurzer Accord,
Schallt ihr Frühlingskonzert das Dickicht entlang.
Und das Männchen singt hin:
»Eins allein . . Noth und Pein!«
Und das Weibchen singt her:
»Ich und du . . Glück und Ruh!«
Und das Männchen singt hin:
»Eigen Nest . . stets das Best!«
Und das Weibchen singt her:

»Eins und Zwei . . bald auch Drei!«
Und beide Stimmen nun höher den Laut
Und zwitschern helljubelnd wie Bräut'gam und Braut:
»Hab nur Muth! Alles gut!
Eiaho! Popeiaho!«
Der Wasserquell plätschert stillfriedlich dazu –
Ob Wipfeln und Dickicht schwebt selige Ruh
Und Gottes allwärmendes Sonnenlicht.

Viertes Blatt.

Das alte Waldschloß.

Verstrüppt und wild ein ander Bild,
Von Laubstreu ganz überschüttet,
Von Schichte zu Schichte versinkt drin der Fuß,
Kein Echo meldet die Tritte.
Unheimlich verödet und regungslos
Hält schwüle Siesta das Reichsgrafenschloß,
Nur das blitzende Licht bringt Bewegung.
Die Fenster grillirt
Mit gebauchtem, geschnörkeltem Eisengestäb,
Das vergoldet einst war,
Ein Rokokoschemen der Großväterzeit,
Senkt der Bau mit der hohen Estrade
Zum Waldesdunkel
Die einst moderne Façade.
Das war eine höfische Gartenkunst einst
Von Taxus und Buchs, mit der Scheere normirt,
Von Buschpyramiden und Tulpenflor,
Von Muschelgrotten und Sphinxen.
Noch gibt verwittert Kunde davon
Ein Säulentorso, wohl kannelirt,
Und im Brombeergesträuch hebt mit plastischem
Schwung
Den Marmorleib
Und die schwellende Brust mit dem zierlichen Arm
Die letzte vom schönen Najadenschwarm.

Des Mittags Hitze liegt brütend und schwül
Ob dem öden Parke, kein Lüftlein weht kühl,
Und schläfrig schaut und verdrossen drein,
Als gähn' es im Traum, das alte Gestein,
»Mon Halali« einst vom Gebieter benannt.
Es denkt anders denn wir und hat Kummer und Leid
Vom geräuschlosen Walten der Einsamkeit;
Das Gähnen bedeutet die Langeweil'

Des Vergessenseins.
Und ich kenne den Traum und ich deut' ihn:
Es träumt vom Fest des Hubertustags,
Wenn die kurze Messe der Jäger zu End,
Und der Hof sich füllte mit Rossen und Herrn,
Mit Jagdkavalieren im Dreieckchapeau
Und Damen im Reifrock von Seidenbrocat,
Mit Schönheitspfläsisterlein schwarz von Tafft,
Mit Schminke geschmückt und mit Puder.
Geschäftig umher der gewaltige Schwarm
Von Büchsenspannern, Leibjägern, Piqueurs,
Heiducken und Läufern, Hornisten zu Pferd,
Und die kläffende Meute der Rüden am Seil
Der Valet des chiens und der Hofmohr.

Da harrten sie alle des hohen Moments,
Wenn seine Erlaucht der Schloßherr erschien
Und aufs Roß sich zu schwingen geruhte,
Wenn der Jägermeister trat meldend heran:
»Der Hirsch ist lancirt,
Dort sprengt er im Busch nach den Feldern!«
Dann Hussa! halloh! laut scholl das Gebell
In der Huftritte Schlag und der Pferde Gewieh'r,
Fort tobte die welsche Parforcejagd,
Bis weit aus der Ferne verklingender Ton
Des Halaliwaldhorns die Nachricht verbracht,
Daß der Sechszehnender gefällt sei.

Erschien dann der Abend, da glänzte im Strahl
Krystallner Kronleuchter demanten der Saal,
Den der Sonnenstäubchen einsamer Tanz
Itzt durchflimmert,
Und Geigenstrich, zierlich geschnörkelt im Ton
Wie Kostüm und Bauform und Mode der Zeit,
Rief Jagdfrack und Reifrock zum Gala-Menuett.
Hier aber im Hof, wo des Mittags Licht
Grell die Freitreppe säumt,
War tolles Gewühl – im Fackelschein
Trugen die Jäger den Edelhirsch ein

Und brachen ihn auf,
Und von der Estrade, die dicht umrankt
Von Eppich, Geisblatt und Schlinggewächs
Versunken dort ragt,
Warf man der Meute ihr Jägerrecht vor
Vom zerstückten Hirsch;
Frei losgekoppelt in knurrender Wuth
Erstritten sich Hardi und Picas ihr Theil
Von Herz und Leber und Eingeweid,
Und hellauf lachten des Lärms der Cürée,
Heiduck und Piqueur und der Valet des chiens,
Und Jean Pierre Negre der Hofmohr . . .

. . . Wo sind sie nun all? Wo die Lenker der Jagd?
Wo die Damen in thurmhoher Haarwulstfrisur
Mit den Absatzstelzchen des Ballschuhs? . . .
Verweht wie Herbstlaub im Winde! . . .

Fünftes Blatt.

Nach dem Windbruch.

Gewitter hat drüben den Bergtann durchtost,
Gewaltig erbost,
Hat gestürmt und gewettert, hat alles zerschmettert,
Und nicht ohne Trauer um solch ein Stück Forst
Betret' ich den Ort der Verwüstung.
Da liegt in chaotischem Durcheinand'
Von der Axt nicht gefällt,
Vom Windbruch gebrochen, geknickt und zerspellt,
Die Zier der edelsten Stämme.
Die einen sammt Erde und Stücken vom Berg
Und wild verschlungenem Wurzelwerk
Aus dem Boden gelüpft,
Als wäre ein Sturmbock mit eherner Stirn
Dawider gehüpft
Und hätte sie niedergestoßen.
Die andern verbogen, verrenkt und zerstückt,
Wie dürre Reiser entzweigeknickt.
Vorn links die altmächtige Riesenfichte
Hat lang sich gewehrt,
Hat sich widergestemmt und gerauft und gerungen,
Bis auch sie der Sturm als Meister bezwungen.
Noch hält die Rinde am übrigen Stumpf
Den gesunkenen Rumpf,
Hoch bäumt und aufdacht sich ihr Astwerk.
Das ist des Windbruchs unwirsche Art:
Die Starken gefällt und die Krüppel gespart!
Wer kraftvoll der Jahresringe Zahl
Auf hundert erweitert und hundert und einen,
Liegt neben dem Jungen, der fern noch vom Ziel.
Der Förster kommt, zählt die Häupter der Lieben,
Was fehlt wird in die Tabelle geschrieben
Und nach dem Kubikwerth berechnet.

Im Mittelgrund aber hält stolz eine Schar

Aufrecht die zerzausten Nadelhäupter
Und schaut in die Thäler vom Bergeskamm
Mit gelichteten Reihn, aber ungebeugt stramm,
Ein stattlich schlank Völklein Weißtannen.
So ruht am Abend der Völkerschlacht,
Wenn der Weltgeschichte Donner verkracht,
Nach der Kugeln verheerendem Hagelschlag,
Am Platze, wo jeden der Sturmtodt gefällt,
Held neben Held auf der Ehre Feld.
Die Uebergebliebnen – der Tag war heiß –
Trocknen die Stirn, die geschwärzte, vom Schweiß
Und schließen neu ihre Lücken,
Hoch fliegt die siegreiche Fahne.
Noch ein treu »Fahret wohl« als Scheidegruß
Den Gefallnen der Schar,
Dann zum Himmel den Blick
Und neuem Geschick,
Neu blitzendem Wetter und Kugelregen
Die Heldenbrust, die tapfre, entgegen! . .

Sechstes Blatt.

Einsame Blumen.

Nebel wallen, Wolken fliegen,
Der Fuß spürt, daß er hoch verstiegen;
Ists eine Klamm, ists ein Gesäuse?
Schrill tönts wie Pfeifen der Murmelmäuse.
Baumlos aufgähnt eine enge Schlucht,
Durch die ein Wildwasser Durchpaß sucht,
Das polternd und stürzend an senkrechter Wand
Ueber Trümmer und Blöcke thalab kommt gerannt.
Zu rauh für der Tannen ernstfinsteren Schmuck
Starrts hier wie ein Platz für Berggeisterspuk,
Hier haust wohl der Schrat in dem Berge.
Moos säumt den Kessel des Wildbachfalls
Und als spärlicher Rest des lebendigen Alls
Wiegt eine weltferne Bergblumenschar
Die schwankenden Stengel im Sprühschaum.
Vergnügt in sich selber, in Sommerfrischlust
Neigt ein Wildrosenstrauch seinen üppigen Blust
Hinab zum rauschenden Wasser.

Hier halt ich, ein hungrig durstiger Gast,
Bei einsamen Blumen einsame Rast!
. . Wo Felsenunwirthlichkeit Fasten aufzwingt,
Der Weise sich selber Bewirthung mitbringt
Und entnimmt des Bergsacks bergenden Falten,
Was als Imbiß vom Mütterlein heut er erhalten,
Kaltstellend in den eisfrischen Quellen,
Was wohlthut den muntern Waidgesellen,
Der Mahlzeit Würze, die Flasche mit Wein,
Tiroler Burgunder, den rothen Algunder . .

Mit dem ersten Trunk des gekälteten Purpurs
Sei weihend des würdigen Freundes gedacht,
Mit dem, was als Zauber im Hochgebirg lacht,
An dieser Stelle zuerst ich empfand.
Ihn freute der Hammer als Mineralog,

Die Kugelbüchse, wenns galt dem Gejaid,
Und, wo er auf glücklichen Pirschgängen zog,
Erschien ihm die Muse im Jagdjuppenkleid.
»Uns ist Musik, so sang er, wenns saust,
Wenn das Gestein vom Absprung der Gemsen
Rollend die Gräben hinunter braust . .
Uns ist das Echo knallender Büchsen
Mehr als Trompeten und Paukengepräng'
Unsere Juwelen glänzen im Thaue,
Unsere Feste im Felsengedräng.«
Heil dir, du Mann mit dem Herzen von Gold,
Mit dem silbernen Haar und den Sehnen von Stahl,
Wildangerfröhlicher Forscher![1]

Nun aber drei wilde Röslein gepflückt
Und den Jägerhut und die Brust geschmückt
Und wieder hinab zu den Wäldern! . .
Es beflügle den Schritt mir der sinnige Spruch,
Den das Mütterlein roth strich im Lenaubuch:
>>Weiter soll sich Lieb' von Lieb'
In das Land nicht wagen,
Als man blühend in der Hand
Kann die Rose tragen!

---

[1] [Gemeint ist Franz von Kobell]

Siebentes Blatt.

Waldbrand.

Auf Freud' folgt Leid, auf Lust folgt Grauen –
Was ist dort für ein Wölklein zu schauen?
Das Wölklein wird Wolke, die unheilerfüllt
Den Waldsaum und Wald in Rauchmassen hüllt;
Drin leuchtets und züngelts und nordwindentfacht
Bricht ein Flammenmeer los mit verheerender Macht,
Das knistert und prasselt und leckt und loht,
Bis empor zu den Wipfeln in Goldgelb und Roth.
Schnell bräunt sich das Laub, das Astwerk zerspellt,
Mit stürzenden Stämmen bedeckt sich das Feld,
Und vorwärts wälzt sich zum offenen Land
Widerstandlos der entsetzliche Brand. . .
In mächtigen Sprüngen, die Schnauze voll Schaum,
Setzt kunstgerecht über den rauchenden Baum,
Der geröstet zerbarst, ein behender
Feistkräftiger Vierzehnender.
Ihn jagt kein sterblicher Jägersmann;
In glührothem Mantel durchwüthet den Tann
Mit höllischem Heerschargetöse
Des Glutwinds Sohn, Typhon der Böse.

Achtes Blatt.
Sonnenuntergang.

Wolkenlos rein, klarduftig erglänzt
Der Abendhimmel, und weihevoll
In heiligem Schweigen scheidet der Tag
Und der Lichtquell des Tags,
Dem wir danken, was farbig und schön ist.
Sehkraftblendend, dem Auge zu scharf,
Versprüht in Mitten der Eichwaldlichtung
Des Weltenfeuers ausströmende Glut,
Schießt Strahlenpfeile durch Dickicht und Hellung
Und Stäubchen im Duft aus dem Innersten vor,
Säumt Stämme und Aestung mit streifendem Blitz
Und schimmert jenseit des Schattengrüns
Der Laubmassen durch, daß die Riesen des Forsts
Vor der goldigen Luft
Wie Heilige dastehn, auf Goldgrund gemalt.
O Sonne, lichtspendende Himmelszier,
Kraft, Liebe und Leben! . . erwecke auch mir
Mit jedem Scheiden die sehnende Lust,
Dich wieder zu sehn, dein würdig zu sein,
Ein Finsternißfeind, goldlauter und rein,
Daß am Ziel der Wandrung durchs Erdenrevier
Ich grüßen dich darf wie der Römersoldat!
»Soli Invicto Comiti!«
Im Vorgrund hält weidend ein Rudel von Rehen,
Die standortwechselnd zur Ruhe ziehn.
Schau das vorderste Paar! . . nicht kümmert sichs viel
Um des Himmels glühgoldiges Farbenspiel;
Geblendet wendet es seitwärts den Blick
Und schaut verwundert im Abendschatten
Den langen Umriß der eignen Gestalt,
Wie die Sonne ihn wirft auf die grasigen Matten.
Und es kennet sich selbst
Und käuet sein Gras
Und denkt – Wer weiß Was? . .

Neuntes Blatt.

Wenn die Unken rufen.

Grau dämmerts am Sumpf, ein Sternleinpaar scheint
Ob der Sahlweiden knorrigen Strunken,
Und wie wenn ein Chorus von Heuchlern weint
Tönt Dämmerungsklagruf der Unken.

Kaum ist nach des Tages kraftmüdender Jagd
Wie ein Leu die Sonne gesunken . .
Wird sie aus dem Schilf wie ein Freund schon beklagt
Vom Dämmerungsklagruf der Unken.

Was flötest du süß, weil der Leuchtwurm glimmt,
Frau Nachtigall, sternenscheintrunken?
Fleuch aus oder schweig! . . Dein »Züküht« überstimmt
»Unk, unk!« der Klagruf der Unken.

Nur wer munkeln versteht und das Dunkel durchspähn
Und mit Wildkatzenaugen drein funkeln,
Den freuts, auf nächtigen Raubschlich zu gehn,
»Unk, unk!« beim Klagruf der Unken!

Zehntes Blatt.

Waldfrevel.

Ein gastlich Quartier um Mitternacht
Hab vom Wald ich geheischt; gern bot er mir dar
Ein windstill Lager im dichtsten Gehölz,
In sammtweichem Moose, von Farren umschwankt,
Den umsponnenen Stein als Kissen des Kopfs,
Altknorrige Eichen als Hüter.

Unlang war der Schlaf; es umschwebte mich nicht
Süß gaukelnder Traum und entführte mir nicht
Zu dir, mein Magnet, die Gedanken.
Jäh fuhr ich empor mit unwirschem Fluch,
Geweckt von dem Schalle der hauenden Axt,
Der, doppelt so stark
Denn bei Tag, weit rief durch die Nacht hin.

Im Silberglanzdämmern der Sommernacht
Hob Eiche bei Eiche ihr wipfelgrün Haupt.
Nur des Vordergrunds erste, geborsten im Stamm,
Lag einwärts gestürzt und erfüllte den Grund
Mit der mächtigen Krone Laubwirrsal.
Von dort kam der Schall, nichts Gutes vermeldend,
Denn hauende Axt um Mitternacht ruft
Zwar manchesmal: »Ehrlich!« doch öftermal: »Schuft!«
Hoch oben auf schief sich erbiegendem Stamm
Stand einer und hieb mit gewaltiger Kraft,
Daß Späne flogen und Aeste,
Und auf den Schauplatz der nächtigen That
Sah kreisrund die Scheibe des Vollmonds herab,
Und dasselbe traumdämmrige Silberlicht,
Das Liebende lockt,
In sanften Gefühlen zu schwärmen,
Bestrahlte die Kanten der Nachbarbäume,
Bestrahlte mild den gesunknen Koloß,
Der Aeste Verflechtung nach rechts und links,
Und ihm selber, dem Mann mit geschwungener Axt,

Kahlkopf, Hemdärmel und Haubeil.

Zum Glück ists ein Fall nicht, der Blutsühne heischt
Wie ehdem, wo grausam dem Frevler im Forst
Den rechten Daumen der frevelnden Hand
Als verwirkt abhieb der Gerichtsherr.
Ich kenne den Mann. Im Taglohn haut
Der Forstei er das Holz,
Der Sturm, nicht er, warf die Eiche.
Und weil er am Tage heut Kindtaufe hielt
Hilft verspäteter Fleiß und die Silberscheinnacht,
Der Säumniß Fehler zu bessern.

Und ich nahte dem, der sich den Schlummer brach
Und den meinen verdarb, doch ich zürnte ihm nicht,
Und gähnenden Mundes, schier schlaftrunken noch
Entbot ich den Gruß:
»Was ist, Sebastian, hauts gut?«

Elftes Blatt.

Morgengruß in der Waldmühle.

Im Frühthau funkelt der Birkenhain –
Kusch Tiras, spar dein Trinken.
Wie rührt mich im rosigen Frührothschein
Waldmühle, vertraute, dein Winken! . .

Scharfkantig umleuchtet der erste Strahl
Des Morgens die Mauern, die düstern;
Radtreibend plätschert das Bächlein zu Thal,
Die Birkenzweige flüstern.

Das Fenster dort oben im sonnigen Glast,
Drob gurrend die Tauben fliegen,
Birgt einen viel zu verehrten Gast,
Als daß ich bliebe verschwiegen.

Die Büchse hoch! Hut ab dazu
Gutheil sei diesem Tage! . .
Der einzige Schuß, den ich heute thu,
Ist eine Schicksalsfrage.

Froh drück ich los. Paff! kracht der Schuß . .
Lieb Gast sei ohne Sorgen,
Mein Büchsenhahn kräht fragenden Gruß
Und Waidmanns Gutenmorgen!

Nun schnattert, ihr Enten und Gänse, laut
Und verkündet im Hof den Genossen:
»In der Mühle schläft Eine, noch ist sie nicht Braut,
Doch sie träumt von dem, der geschossen.«

Zwölftes Blatt.
Stilles Heim.

Hell blinkt die Zinnengiebelwand,
Bestreift von den Hecken der Eiben,
Und die Dreizahl der Erker schimmert ins Land
Mit den runden Bleiglasscheiben.
Hell blinkt Thorgitter und Pfeilerportal,
Drei Stufen führen herunter
Zum Höflein, und am verschilften Kanal
Nährt sich der Entenschwarm munter.
Epheu und wilde Rebe schwankt
Ob der Hofmauer rinnenden Bronnen,
Hält Hag und Laubgang kraus umrankt
Und die Erker mit Dickicht umsponnen.
Gott grüß dich, Schlößlein, Waldidyll,
Das stets nach Nöthen und Fehden
Rast bietet friedsam, flott und still,
Ein buschverborgen Eden.
Dem Rauchwölklein ob dem Kamin
Sei fröhlich zugejodelt,
Es kündet: in der Küche drin
Die Mittagsuppe brodelt.
Die Suppe kocht lieb Mütterlein;
Schau, schau, schon naht sie in Eile,
Mit der ich mutterseelenallein
Die stille Heimat theile.
Schon perlt im Krug ihr Willkommgruß,
Drum soll mein Lied hier enden . .
Ruh' aus, müd Herz! Mein Schicksal muß
Zu Schick und Glück sich wenden.

Nachwort.

Als so Meister Waldfreund den Heimsitz begrüßt
Und des Mütterleins sorgliche Hand geküßt,
Gedacht' er, streng einsam sich einzurichten
Und so lang zu zeichnen, sinniren und dichten,
Bis die Fülle von Stoff, die sein Gang ihm gespendet,
Zu stattlichem Album mit Text sei vollendet.
Schon sah er im Traum den saffiangrünen Band,
Darauf goldig gepreßt »*Wilhelmina*« stand,
Und gab seinen Werbungs- und Zukunftsplan
Mit hoher Begeistrung dem Mütterlein an.

Doch das Mütterlein küßte die Stirn ihm und lachte
Und trippelte hin an den Spiegel und brachte
Einen groß mit dem Adler gesiegelten Brief,
Der, während er fort, mit der Landpost einlief.
Aus hohem Landministerium
Entbot das Forstcollegium:
»Zum Förster des Bezirks ernannt
Hans Waldfreund, Forstamtspraktikant;
Mit Wünschen für sein Wohlergehn
Gehaltserhöhung vorgesehn.«

Und eh' mit der Hand er zur Stirn fuhr empor,
Zog den zweiten Brief aus dem Busen sie vor
Und knixte, bevor er ihn nahm, mit dem Blatt.
Das war nicht in hochofficiellem Format,
War rosaroth und gesiegelt mit Grün,
Im Siegel sah man ein Röslein erblühn,
Adresse von zierlicher Damenhand
Schier zitternd geschrieben, und drinnen stand:
»Bist Du mit mir, bin ich mit Dir,
Und wo Du weilst, da zieh' ich hin,
Und wo Du försterst, bin ich Dir
Getreulich Deine Försterin!
Gezeichnet: Wilhelmine.«
Und wieder sprach zum Glückwunschkuß
Das Mütterlein: »O mein Fantasticus,

Was poetisch noch lang nicht Du fertig gemacht,
Hab prosaisch ich alles in Ordnung gebracht.
Du wärst selig verträumt und selig gestorben –
Ich hab frischweg statt Deiner geworben;
Ich wußt, es ist besser, ich spar Dir die Reise . .
Es reut sie schon lang ihre schnippische Weise!«

Weil also der Zwiespalt die Lösung fand,
Kam das Schratimbergalbum nicht mehr zu Stand;
Es blieb bei den ersten Entwürfen nur
Und den geistreichen Studien nach der Natur.
Ein Mann, dem das Bräutchen versöhnt winkt zum Kuß,
Sein Malen und Dichten sehr einschränken muß.
Drum folgt auch im Zwickbuch dem »stillen Heim«
Als Schluß nur der kurze, vielsagende Reim:
»Fahr wohl und kling aus, Waldeinsamkeit!
Ich freue fortan mich des Waldes selbzweit!«

Was Forstmeister Waldfreund einst glücklich skizzirt
Hat Julius Mařak nun schmuck komponirt
Und zu stimmungsvollem Cyclus geeint,
Der im Kunstverlag Peter Käsers erscheint.
Von Eduard Willmanns kunstfertiger Nadel
Stehts in Kupfer radirt und geäzt sonder Tadel,
Und Victor von Scheffel hat fröhlich zuletzt
Als Reimschmied Vorwort und Nachwort gesetzt.
Auch diese vier lassen sich gerne beschuldigen,
Daß der grünen Farbe von Herzen sie huldigen,
Und daß in knospender Lenzzeit der Wald
Ihr liebster irdischer Aufenthalt.
Gott geb ihnen all, nach der Mühsal der Zeit,
Die himmlische Künstlerglückseligkeit! . .

Du, freundlicher Leser und Kunstverständiger,
Erfühle, wie wir, daß ein Hauch, ein lebendiger,
Von würziger Waldluft das Werk unsrer Kunst
Durchweht, und betracht es mit Nachsicht und Gunst.
Es soll Dir des Urbilds Genuß nicht beschränken,
Noch die eigenen Schritte vom Waldgang ablenken;
Doch wenn Du novemberlich heimwärts getrieben

Am Kamin Dich wärmst im Kreis Deiner Lieben,
Wenns stürmt drauß und wirbelt mit Schneeflockenwetter,
Dann entfalte behaglich den Cyclus der Blätter;
Laut schall von der Heimat waldeinsamer Pracht
Ihr Buchfinkenlied in die Winternacht!

Eigene Buchreihe oder eigenen Verlag gründen

Seit 2009 bietet tredition sein Verlagskonzept auch als sogenanntes "White-Label" an. Das bedeutet, dass andere Unternehmen, Institutionen und Personen risikofrei und unkompliziert selbst zum Herausgeber von Büchern und Buchreihen unter eigener Marke werden können. tredition übernimmt dabei das komplette Herstellungs- und Distributionsrisiko.

Zahlreiche Zeitschriften-, Zeitungs- und Buchverlage, Universitäten, Forschungseinrichtungen u.v.m. nutzen diese Dienstleistung von tredition, um unter eigener Marke ohne Risiko Bücher zu verlegen.

Alle Informationen im Internet: **www.tredition.de/fuer-verlage**

tredition wurde mit mehreren Innovationspreisen ausgezeichnet, u. a. mit dem Webfuture Award und dem Innovationspreis der Buch Digitale.

tredition ist Mitglied im Börsenverein des Deutschen Buchhandels.

Dieses Werk elektronisch lesen

Dieses Werk ist Teil der Gutenberg-DE Edition DVD. Diese enthält das komplette Archiv des Projekt Gutenberg-DE. Die DVD ist im Internet erhältlich auf **http://gutenbergshop.abc.de**

MIX

Papier | Fördert
gute Waldnutzung

FSC® C083411

Zeitfracht Medien GmbH
Ferdinand-Jühlke-Straße 7
99095 Erfurt, Deutschland
produktsicherheit@kolibri360.de